AF303795

Das kleine Buch über das Glück

Eine Reflexion für alltägliche Freude

Yusuf M. Çavak

IMPRESSUM

Autor: Yusuf M. Çavak
Adresse: D-79353 Bahlingen
Verlag: BoD · Books on Demand GmbH, Überseering 33, 22297 Hamburg, bod@bod.de
Druck: Libri Plureos GmbH, Friedensallee 273, 22763 Hamburg
ISBN: 978-3-7693-1755-8
Copyright: © 2025 YUSUF M. ÇAVAK
Cover Bild: maria_m - Pixabay
Zeichnungen: monstreh - Pixabay

Bibliografische Information:
Die Deutsche Nationalbibliothek verzeichnet diese Publikation in der Deutschen Nationalbibliografie; detaillierte bibliografische Daten sind im Internet über dnb.dnb.de abrufbar.

Vorwort

Meine Mutter war immer fröhlich. Oft konnte sie mit ihrer über-
schäumenden Energie auch anstrengend sein, doch ihre gute
Laune war einfach ansteckend. Erst später wurde mir bewusst,
was für eine großartige Frau sie wirklich war.
Ich hatte das große Glück, sie als Mutter zu haben.

In meinem Leben habe ich viele Rückschläge erlebt, vielleicht
mehr, als mir lieb ist. Gerade deshalb weiß ich das Unbeschwerte
umso mehr zu schätzen. Jeden Morgen aufs Neue aufzustehen,
selbst wenn hier und da kleine Wehwehchen plagen, erfüllt mich
mit Dankbarkeit. Es sind die vielen kleinen Dinge, die das Leben
lebenswert machen und mir Freude bereiten.

Doch manchmal habe ich das Gefühl, mit meiner Leichtigkeit an-
zuecken – so, als passe sie nicht mehr in die heutige Zeit.
Viele Menschen scheinen nur noch im Takt ihres Handys zu
leben. Noch schlimmer wird es, wenn sie mit ihrem halbgaren
„Handy-Wissen" überall punkten wollen.
Dabei gehen so viele wertvolle Momente verloren –
kleine Augenblicke des Glücks, die wir nicht mehr wahrnehmen,
weil wir sie auf einem Bildschirm suchen.
Natürlich sind Google und Co. Nützliche Werkzeuge.
Doch manchmal erinnert mich unsere Abhängigkeit von diesen
digitalen Helfern an die Glasperlen, die einst indigenen Völkern
geschenkt wurden.
Wir tauschen dafür etwas viel Wertvolleres ein: unsere Seele.
Es ist wie in Goethes „Faust" – ein Pakt, der uns mehr nimmt, als
er gibt.

Dabei braucht es so wenig, um wirklich glücklich zu sein.
Ein Bier nach dem Sport mit den Kameraden. Ein frischer Zopf, den unser Abteilungsleiter neulich mitgebracht hat. Und unzählige andere Kleinigkeiten, die das Leben so wunderbar machen.

Wie das Zuckerchen, das die säuerliche Zitrone in eine erfrischende Limonade verwandelt, kannst auch du dazu beitragen, nicht nur „deinen Tag", sondern das Leben um dich herum ein bisschen freundlicher und glücklicher zu machen.

Es liegt in deiner Hand.

Yusuf M. Çavak

„Gewidmet all meinen Kindern,
deren Partnern und meinen Enkelkindern."

„Natürlich auch an meinen treuen Katerfreund Felix
und meinen lieben Hundefreund Rocky."

Das Glück – ein kostenloser Schatz

Glück ist für jeden kostenlos. Trotzdem scheint es manchmal das am schwersten zu Greifende auf der Welt zu sein. Jeder will es haben, vor allem Frauen. Während Männer das Glück gerne mit Macht, Stärke oder Reichtum verbinden, träumen viele Frauen von der wahren Liebe, einer harmonischen Familie – eben diesem typischen Happy End, das irgendwie süßer ist als jede Million auf dem Konto.

In meinem Leben habe ich schon viele Tiefpunkte erlebt, aber egal, wie tief es ging, meine positive Einstellung zum Leben konnte nichts erschüttern. Manchmal reicht es schon, am Morgen aufzuwachen, die Augen zu öffnen und zu denken: „Yes, ich darf wieder aufstehen!" Es sei denn natürlich, ich hatte am Abend zuvor ein Glas zu viel Wein mit Freunden, und mein Kopf fühlte sich an wie eine explodierte Melone.

In solchen Momenten dachte ich trotzdem: „Wow, was hatten wir gestern für einen Spaß! Was haben wir für 'nen Blödsinn gelabert und uns halb totgelacht!" Diese Erinnerungen bleiben, und sie wärmen das Herz wie eine Kuscheldecke.

Dann gibt es natürlich diese besonderen Augenblicke im Leben, die alles überstrahlen. Zum Beispiel, als meine Kinder geboren wurden. Diese kleinen „Würmchen", die plötzlich auf meinem Schoß lagen und mein Leben komplett umgekrempelt haben.

Das war Glück, wie ich es noch nie zuvor erlebt hatte – stärker als jeder Lottogewinn!

Beim Lottogewinn denkt man nämlich gleich: „Okay, was kaufe ich zuerst? Und wie viel Steuern muss ich zahlen?

Oh Gott, wie verstecke ich das Geld vor dem Finanzamt?"

Aber mit einem Baby? Da gibt's keine solche Grübelei. Gut, okay, es schreit, es kackt die Windeln voll, und manchmal wünscht man sich, es gäbe eine Stummtaste – aber trotzdem ist es pures Glück.

In diesen Momenten plant man höchstens das Kinderzimmer und überlegt, welche Windelmarke die beste ist.

Natürlich gibt es da immer kleine Enttäuschungen. Zum Beispiel, wenn man sich heimlich einen Jungen wünscht – und plötzlich hält man ein Mädchen mit roten Haaren in den Armen.

Aber auch das ist schnell vergessen.

Man schaut das kleine Wesen an und denkt: Das ist das größte Glück, und das Einzige, was zählt, ist, dass es gesund ist.

Natürlich gehört zu unserer Gesellschaft auch immer ein bisschen Jammern dazu.

„Oh nein, ich muss schon wieder meinen Koffer packen! Morgen fliege ich nach Mauritius. Hoffentlich ist das Wetter schön, und die Hotelzimmer sind sauber ..."

Hallo? Wieso sagen diese Leute nicht einfach: „Geil, zwei Wochen Sonne, Strand und Natur!" Es spielt doch keine Rolle, ob das Hotel fünf Sterne hat oder ob die Kissen perfekt gestärkt sind.

Aber nein, bei uns wird das Haar in der Suppe gesucht, selbst wenn die Suppe Goldlöffel und Champagner enthält.

Mir ist aufgefallen, dass Menschen nach einem Urlaub oft mehr über das Negative sprechen als über das Schöne.

„Das Buffet war eine Katastrophe!" „Der Pool war zu kalt!" „Der Kellner hat nicht gelächelt, und das WLAN hat auch nicht funktioniert!"

Die positiven Erlebnisse kommen dann meist nur so nebenbei, vielleicht Montagmorgen am Arbeitsplatz, wenn es schnell erzählt sein muss.

Dabei ist es doch das Positive, was wirklich zählt.

Dabei übergehen sie die wirklich besonderen Momente, die das Leben ausmachen.

Ich erinnere mich an einen Italien-Urlaub mit meiner Familie auf einem Campingplatz in Lido di Jesolo bei Venedig. Die ersten Tage war mein Kopf voller Sorgen: Arbeit, Geld, Stress.

Selbst beim Joggen am Strand war ich nur auf die Uhr und mein Tempo fixiert. Doch dann sah ich sie: Menschen, die Muscheln sammelten. Ein Liebespaar, das unter einer Decke kuschelte.

Den Sonnenaufgang, der das Meer wie eine orangefarbene Decke überzog. Und plötzlich blieb ich stehen. Warum hetze ich hier eigentlich durch diese Schönheit, als ob ich in einem Wettrennen wäre? Ich zog die Schuhe aus, ließ den Sand durch meine Zehen rieseln und atmete tief ein. Zum ersten Mal ließ ich alles los.

Als ich zurückkam, wartete meine Frau schon – und wie!

„Wo warst du? Über eine Stunde weg!
Die Kinder wollten spielen, und ich habe hier auf dich gewartet!"

Sie hatte recht. Ich war so auf mich selbst fokussiert, dass ich vergessen hatte, worum es im Urlaub wirklich ging: um uns.
Um unsere Zeit als Familie. Also nahm ich sie in den Arm und sagte: „Sorry, du hast völlig recht. Jetzt zählt nur ihr."

Ab da wurde der Urlaub ein echtes Highlight. Wir sammelten morgens Muscheln, beobachteten den Sonnenaufgang und hatten einfach Spaß. Selbst, wenn die Kinder mal genervt waren oder sich die Sandburgen am Ende doch in kleine Pfützen verwandelten – diese Tage waren purer Glücks Booster.

Die Illusion des Glücks

Glück ist oft so simpel, aber wir Menschen sind wahre Meister darin, es zu verkomplizieren. Wir schleppen unsere Probleme wie einen überladenen Rucksack mit uns herum, anstatt ihn einfach mal abzustellen.

Wenn ich etwas aus diesen Erfahrungen gelernt habe, dann das: Glück ist kein großes Geheimnis. Man muss es nur zulassen.

Leider leben wir in Zeiten, in denen einfache Dinge oft belächelt werden. Alles muss digital, Fancy und viral sein. Man hört von Trends wie „Zimmer lüften".
Ja, richtig gelesen. Zimmer lüften!
Das geht viral! Was zur Hölle?
Glück ist doch nicht, irgendeinem Unsinn nachzulaufen.
Glück ist echt. Es sind echte Freunde, eine Familie, ein guter Job, der einen absichert – und vor allem Gesundheit.
Kinder? Klar, sie können anstrengend sein, trotzdem sie sind auch das größte Glück.

Aber es bedeutet, dass wir die unperfekten Momente wertschätzen. Auch unsere Gesellschaft könnte davon profitieren, weniger zu meckern. Statt sich über Arzttermine oder Wartezeiten zu ärgern, könnten wir uns daran erinnern, wie gut wir es haben.
In anderen Ländern gibt es nicht mal Krankenhäuser oder Medikamente. Und wir?
Wir beschweren uns über Krankenhausessen.

In meinem Bekanntenkreis gibt es einige, die keine Kinder haben und viel reisen. Manche leben allein, andere gehören zu den sogenannten „DINKs" – Double Income, No Kids.

Oft erzählen sie von ihren Abenteuern und den faszinierenden Orten, die sie besucht haben. Es wirkt, als hätten sie immer eine spannende Geschichte parat. Ich höre gerne zu – und manchmal wünsche ich mir, ebenso frei und sorglos durch die Welt reisen zu können.

Glück bedeutet nicht, dass alles perfekt ist. Doch hin und wieder habe ich den Eindruck, dass sie mit einem Hauch von Wehmut auf uns Eltern blicken – auf jene, die besondere Momente mit ihren Kindern teilen und miterleben, wie sie groß werden. Vielleicht bilde ich mir das ein, aber diese Gedanken lassen mich nicht los: Was macht uns wirklich glücklich? Sind es die Reisen, die wir unternehmen, oder die Augenblicke mit Familie und Freunden?

Wenn ich im Ausland Urlaub mache, sehe ich oft lachende Gesichter der Einheimischen – mehr als in meinem Alltag hier. Und dann frage ich mich: Ist es vielleicht genau diese Einfachheit, die das wahre Glück ausmacht? Diese Leichtigkeit, die nicht aus materiellem Überfluss entsteht, sondern aus einem Leben, das im Moment verwurzelt ist?

Dabei frage ich mich: Warum? Wir haben doch alles, was wir brauchen. Wenn wir krank sind, gibt es Ärzte und Krankenhäuser, die uns helfen können. Klar, manchmal dauert es, bis man einen Termin bekommt. Im Krankenhaus gibt es kein Einzelzimmer, und das Essen dort lässt oft zu wünschen übrig.

Die Wartezeiten sind manchmal nervenaufreibend.
Aber wie viel Luxus steckt trotzdem in unserem System?
Wie viel Sicherheit, wie viel Struktur?

In anderen Ländern müssen Menschen tagelang in der Schlange stehen, nur um überhaupt einen Arzt zu sehen. Medikamente sind dort oft unbezahlbar oder gar nicht verfügbar. Und selbst einfache Behandlungen können zur existenziellen Bedrohung werden. Wenn ich Berichte von Organisationen wie Ärzte ohne Grenzen lese, wird mir das immer wieder bewusst. Sie kämpfen täglich gegen unvorstellbares Leid in Krisengebieten und armen Ländern. Oft lese ich, wie viel schon eine Spende von 50 oder 100 Euro bewirken kann – wie damit Leben gerettet, Operationen ermöglicht oder Medikamente finanziert werden. In solchen Momenten kommen mir fast die Tränen. Es ist erschütternd und berührend zugleich. Es zeigt mir, wie groß die Kluft ist zwischen dem, was wir als selbstverständlich betrachten, und dem, was für andere unerreichbar scheint.

Wir dagegen haben so viel Glück: Unsere Gesundheitsversorgung funktioniert, auch wenn wir ab und zu warten oder etwas extra zahlen müssen. Aber genau hier beginnt die Unzufriedenheit. Wir meckern, obwohl wir wissen, dass andere Menschen für solche Standards alles geben würden. Warum fällt es uns so schwer, dieses Privileg zu schätzen? Warum freuen wir uns nicht mehr darüber, dass wir die Möglichkeit haben, medizinisch gut versorgt zu werden – unabhängig von unserem Einkommen, unserem Wohnort oder unserem Alter?

Während eines Krankenhausbesuchs fiel mir ein Schild auf: „Keine Gewalt gegen Pflegekräfte!" Es hat mich nachdenklich gemacht. Wie kommt es, dass Menschen so aggressiv werden können? Gerade gegenüber jenen, die sich um uns kümmern, wenn wir krank sind? Diese Wut, diese Frustration – woher kommt sie? Vielleicht, weil wir manchmal vergessen, wie gut es uns im Vergleich zu vielen anderen auf der Welt geht. Vielleicht, weil wir in einem System leben, das so viel bietet, dass wir den Wert des Einzelnen darin aus den Augen verlieren.

Und vielleicht, weil wir verlernt haben, Dankbarkeit zu empfinden – für das, was funktioniert, für das, was uns schützt, für das, was anderen fehlt.

Manchmal fühle ich mich wie in einem Experiment über soziale Strukturen. Je mehr wir haben, desto unzufriedener werden wir.

Es erinnert mich an diese Studie über Ratten: Wenn sie zu eng zusammenleben, geraten sie in Stress, brechen soziale Strukturen auf, und irgendwann wird es chaotisch. Manchmal denke ich, dass wir Menschen gar nicht so anders sind.

Aber vielleicht liegt es an uns, das Ruder herumzureißen. Vielleicht liegt Glück in der Fähigkeit, Dinge loszulassen, das Leben zu genießen und den Moment zu feiern – egal, ob im Luxushotel oder auf dem Campingplatz.

Das Glück ist manchmal wie ein treuer Hund.

Es folgt uns still, begleitet uns auf Schritt und Tritt, schützt uns und stellt keine unangenehmen Fragen. Doch was geschieht, wenn wir es immer wieder verscheuchen? Wenn wir achtlos mit ihm umgehen, es ignorieren oder gar mit Füßen treten, ohne zu erkennen, welch wertvollen Begleiter wir an unserer Seite haben? Dann, eines Tages, wird es fortbleiben – endgültig.

So ist es mit dem Glück: Wenn wir es nicht wertschätzen, wird es sich irgendwann aus unserem Leben zurückziehen, wie ein Hund, der nach zahllosen Zurückweisungen seinen Weg alleine geht. Manchmal erinnert uns das Leben selbst daran, wie flüchtig Glück sein kann.

Es ist wie ein Fußballspiel: Eine Mannschaft belagert pausenlos das Tor des Gegners, spielt wunderschön, ist voller Leidenschaft – doch kein einziger Treffer will gelingen.
Dann kommt der Gegner, wagt einen einzigen Schuss, einen sogenannten „Glückstreffer", und gewinnt. Ist es nur Zufall?
Oder haben die, die alles verkomplizieren, manchmal das Wesentliche aus den Augen verloren?
So ist es auch im Leben, wo kleine Entscheidungen oft über großes Glück bestimmen. Ich erinnere mich an meine Mutter. Einmal hatte sie einen Lottoschein ausgefüllt, doch in letzter Sekunde entschied sie, die Tipps nicht abzugeben – „zu schade ums Geld", sagte sie damals.

Dieses Mal hätte sie sechs Richtige gehabt. Das Glück stand bereit, klopfte laut an die Tür – doch sie ließ es nicht herein.

Später, als sie erfuhr, was hätte sein können, war die Reue groß. Sie malte sich aus, wie ihr Leben mit dem Gewinn ausgesehen hätte.

All die Wünsche, die sie und mein Vater sich hätten erfüllen können. Aber hätte sie mit dem Geld wirklich dauerhaftes Glück gefunden? Schließlich hatten sie auch ohne Millionen immer wieder glückliche Momente.

Glück, so erzählte mir mein Vater, ist etwas, das nicht immer von äußeren Umständen abhängt. Er erzählte mir, wie er einmal durch das Beten eine solche innere Ruhe fand, dass er sich Gott ganz nahe fühlte – „Es war, als ob ich fliegen könnte", sagte er.

Diese Art von Glück, diese Freude, die aus der Tiefe kommt, kennt bestimmt jeder: das erste Verliebtsein, das Kribbeln im Bauch, die Schmetterlinge, die einen tragen, als könnte nichts auf der Welt einen bremsen. Doch oft lachen andere darüber. Freunde oder Kollegen sagen dann: „Das ist doch unvernünftig!" Aber warum sollte man immer rational handeln, wenn das irrationale Glück doch so unendlich wertvoll ist?

Es gibt unzählige Momente, die uns fast unbemerkt glücklich machen. Ein gutes Essen, die Schönheit der Natur, ein unerwartetes Lächeln. Manchmal hält uns ein Anblick den Atem an – ein Sonnenuntergang, ein Rascheln der Blätter im Wind, ein Moment vollkommener Stille.
Wir versuchen oft, diese Augenblicke festzuhalten, greifen nach dem Handy, machen ein Foto. Doch später, wenn wir das Bild wiederfinden, hat der Moment seine Magie verloren.

Die Emotion, die wir damals fühlten, ist nicht mehr da, und wir erkennen: Das Glück gehört der Gegenwart. Es ist lebendig, es lebt in unserem Erleben –
nicht in dem Versuch, es zu konservieren.

Manchmal sehe ich, wie Menschen auf der Jagd nach dem flüchtigen Funken Glück den falschen Weg einschlagen.
Sie scrollen durch unendliche Feeds, zählen die Likes, vergleichen sich mit anderen und hoffen, dass die Bestätigung von Fremden sie ausfüllt. Doch das wahre Glück lässt sich nicht in einem Bildschirm finden. Es liegt vor uns, in der greifbaren, realen Welt, die uns täglich berührt – oft ganz unscheinbar, fast beiläufig.
Da ist zum Beispiel die Nachbarin, die mit einem frisch gebackenen Kuchen an der Tür klingelt. Der Duft von Vanille und Karamell füllt den Raum, und plötzlich ist der Tag leichter. Es geht nicht um den Kuchen selbst, sondern um die Geste – dieses Gefühl, dass jemand an uns gedacht hat, ohne einen Grund, ohne Anlass.

Oder die Blumen, die ein Kollege mit einem verschmitzten Lächeln überreicht, „weil sie dich an den Frühling erinnern sollen". Ein einfacher Strauß, vielleicht keine teuren Rosen, sondern nur ein paar Gänseblümchen aus dem Park.
Doch in diesem Moment scheinen sie lebendiger als alles, was in einem perfekt inszenierten Foto festgehalten werden könnte.
Manchmal beobachte ich Menschen, die in ihrem Beruf echtes Glück finden.

Nicht, weil sie Millionen verdienen oder von allen bewundert werden, sondern weil ihre Arbeit ihnen das gibt, was sie wirklich brauchen: Anerkennung, Sinn, eine Aufgabe.

Es gibt eine Lehrerin, deren Augen vor Freude leuchten, wenn die Schüler in der Theater-AG voller Begeisterung mitwirken und ihre Rollen mit Perfektion meistern.

Oder die Bäckerin, die im Morgengrauen die ersten Brote aus dem Ofen holt, während die Stadt noch schläft. Sie atmet tief ein und weiß, dass sie in wenigen Stunden all die Menschen, die in ihrem Laden vorbeikommen, mit einem Stück Wärme versorgen wird.

Natürlich auch der Straßenmusiker, der mit seinem Cello eine Melodie spielt, die dich innehalten lässt. Für einen Moment vergisst du den Trubel um dich herum, hörst nur die Musik.
Du wirfst ihm eine Münze in seinen Hut, und er schenkt dir ein Lächeln – ein Austausch, klein und doch so bedeutsam.

Glück ist oft so unscheinbar, dass wir es übersehen. Es liegt im Geruch von Regen auf warmem Asphalt, im ersten Biss in einen Apfel, frisch vom Baum gepflückt, oder in der Berührung der Hand eines Freundes, wenn Worte nicht ausreichen. Es zeigt sich in einer Umarmung, die ein wenig länger dauert als gewöhnlich, oder im stolzen Blick eines Kindes, das sein neuestes Kunstwerk präsentiert. Das Problem ist nicht, dass diese Momente fehlen – sie sind da. Doch wir sind oft zu beschäftigt, um sie wahrzunehmen. Während wir uns in der digitalen Welt verlieren, in Zahlen von Followern und der Jagd nach Bestätigung, bleibt das wahre Glück ungesehen – direkt vor uns.

Es lebt in einem kleinen Lächeln im Vorübergehen, in einem freundlichen Wort, in einem Sonnenstrahl auf der Haut. Glück wohnt in der Berührung der Realität, nicht in der Pixelwelt, die wir ständig auf unseren Bildschirmen fixieren.

Apropos Berührung – das Glück ist wirklich wie ein treuer Hund. Tiere geben uns oft mehr, als wir uns vorstellen können.

Ich spreche nicht von jenen, die ihre Tiere zur Schau stellen, um sich selbst zu profilieren. Ich meine die vielen Haustiere, die Kindern Liebe und Wärme schenken, uns treu zur Seite stehen und uns bedingungslos lieben.

Mein Kater Felix, der schnurrend auf meinem Schoß liegt und sich genüsslich kraulen lässt, schenkt mir eine Ruhe, die tief geht. Und unser Hund Rocky – tollpatschig, liebesbedürftig und immer an meiner Seite – ist wie ein treuer Schatten, der mein Herz wärmt. Es ist ein großes Glück, von Tieren geliebt zu werden.

Doch leider gibt es Menschen, die diese wunderbaren Wesen quälen und demütigen. Dabei besitzen Tiere eine Tiefe an Liebe und Treue, die viele Menschen nicht einmal erahnen.
Sie schenken uns ihr Vertrauen, ihre Nähe – und manchmal sogar ihr Leben. Ihre Zuneigung ist ehrlich, bedingungslos und still.

Es ist ein Geschenk, solche Geschöpfe um sich zu haben.
Sie erinnern uns daran, dass echtes Glück nicht laut ist – sondern schnurrt, wedelt und einfach da ist.

Glückskinder

Das eigentliche Glück kann man an unseren Kindern sehen, die einfach spielen und ihren Fantasien freien Lauf lassen. Wir lachen darüber aber wann haben wir so sorglos etwas angegangen?

Kinder tragen keine Masken. Sie kommen in die Welt, wie sie sind – roh, ungeschliffen, aber echt. In ihrer Welt gibt es keinen Grund, sich zu verstellen, keinen Grund, sich hinter höflichen Floskeln oder diplomatischen Halbwahrheiten zu verstecken. Sobald sie unter Gleichaltrigen sind, scheint eine Art unsichtbares Gesetz zu wirken: Sie suchen sich neue Freunde, ohne Vorbehalte, ohne taktisches Kalkül, ohne Angst vor Ablehnung. Es ist kein langsames Herantasten, sondern ein freudiges Entgegenlaufen. „Willst du mit mir spielen?" – dieser einfache Satz öffnet ihnen eine Tür zu einer neuen Welt. Und wenn es nicht passt? Wenn der vermeintliche Freund doch kein guter Spielkamerad ist? Dann sind sie ehrlich. Kinder streiten lieber, sie lassen los, sie ziehen weiter – ohne Groll, ohne nachtragend zu sein. Wie anders sind wir Erwachsene.
Wir halten oft an den falschen Menschen fest, an sogenannten Freunden, die uns nicht guttun, die uns herunterziehen oder uns einengen. Warum?

Weil wir Angst haben, ehrlich zu sein – zu ihnen, aber auch zu uns selbst. Wir vermeiden die Konfrontation, aus Furcht, als unhöflich oder gar egoistisch zu gelten. Statt zu sagen: „Du tust mir nicht gut, lass uns getrennte Wege gehen", schlucken wir unseren Ärger hinunter, verstellen uns und tragen das Gewicht dieser Beziehungen weiter.

Und so wird aus einem Netzwerk von Verbindungen ein Netz, das uns fängt, statt uns zu tragen.

Wie befreiend wäre es, die Ehrlichkeit der Kinder in uns wiederzufinden – diese furchtlose Direktheit, die zwar manchmal wehtut, aber langfristig heilt.
Es ist erstaunlich, wie konsequent Kinder mit ihrer Ehrlichkeit umgehen, auch in Momenten, die Erwachsene oft als unhöflich empfinden.

Schenkt man einem Kind ein Geschenk, das ihm nicht gefällt, wird es ohne Zögern sagen: „Das wollte ich aber nicht." Was für uns wie Undankbarkeit klingt, ist in Wahrheit eine Form von Freiheit – die Freiheit, die eigene Wahrheit auszusprechen, ohne Angst vor Konsequenzen.

Wir Erwachsenen hingegen täuschen uns oft gegenseitig, heucheln Freude, wo keine ist, und bedanken uns „herzlich", obwohl wir innerlich längst mit anderen Gedanken beschäftigt sind. Warum?
Weil wir in einem System aus Höflichkeitsnormen gefangen sind, das uns vorgibt, dass die Wahrheit weniger wert ist als der Schein. Doch was verlieren wir, wenn wir diese kleine, aber ständige Unehrlichkeit kultivieren? Wir verlieren uns selbst. Denn jede kleine Notlüge, jedes „Das passt schon", jedes erzwungene Lächeln entfernt uns ein Stück weiter von unserer eigenen Wahrheit.
Kinder müssen sich nicht erinnern, was sie zuletzt gesagt haben – sie tragen nichts anderes in sich als das, was sie sind.

Diese Freiheit, diese Unbefangenheit, die Ehrlichkeit mit sich bringt, ist ein Schlüssel zum Glück, den viele Erwachsene im Laufe der Jahre verlieren. Wir versuchen, uns zu erinnern, wer wir sein wollen, während Kinder einfach *sind*.

Die Ehrlichkeit der Kinder ist nicht nur erfrischend – sie ist mutig. Sie sagen Dinge, die wir uns nicht trauen auszusprechen, und sie handeln nach ihren Gefühlen, ohne sie zu verstecken. Dabei riskieren sie Konflikte, doch genau darin liegt ihre Stärke: Konflikte sind für sie nichts Endgültiges, sondern nur ein Moment, der vorbeigeht. Erwachsene hingegen vermeiden Konflikte oft um jeden Preis – und tragen stattdessen die Last unausgesprochener Worte. Doch dieser Preis ist hoch: Wir opfern unsere Authentizität, unsere innere Freiheit und letztlich ein Stück unseres Glücks.

Wie hat Herbert Grönemeyer gesungen? „Kinder an die Macht".

Gebt den Kindern das Kommando
Sie berechnen nicht, was sie tun
Die Welt gehört in Kinderhände
Dem Trübsinn ein Ende
Wir werden in Grund und Boden gelacht
Kinder an die Macht.

Vielleicht liegt darin eine Weisheit, die wir erst verstehen, wenn wir genauer hinschauen. Kinder leben mit einer Klarheit, die uns oft verloren geht – und vielleicht ist es genau diese Klarheit, die wir wiederfinden müssen, um wirklich frei zu sein.

Kinder leben in einer Welt, in der sie nichts verschleiern müssen. Ihre Freude ist rein, ihre Wut ist ehrlich, und ihr Lachen ist ansteckend.

Sie denken nicht darüber nach, wie sie wirken, sie *sind*. Und in diesem *Sein*, in dieser Echtheit, liegt eine Zufriedenheit, die uns Erwachsenen oft abhandengekommen ist.

Es liegt an uns, diese Fähigkeit zurückzugewinnen. Natürlich, wir leben in einer Welt der gewachsenen Strukturen, der Regeln und Konventionen, die uns oft zu bestimmten Verhaltensweisen zwingen.

Aber sind es nicht wir, die diese Strukturen aufrechterhalten? Sind es nicht wir, die uns entscheiden, stundenlang nach einem Geschenk für jemanden zu suchen, den wir eigentlich nicht mögen, nur um einem Bild von Höflichkeit zu entsprechen?
Was wäre, wenn wir einfach absagen würden, ehrlich wären, zu uns selbst und zu anderen?

Es würde Mut kosten, ja – aber dieser Mut könnte uns eine Freiheit schenken, die wir schon lange verloren haben.

Vielleicht sollten wir uns immer wieder fragen: Was würde ein Kind tun? Ein Kind würde sich nicht für ein falsches Lächeln entscheiden. Ein Kind würde sich für die Wahrheit entscheiden – selbst dann, wenn sie unbequem ist. Und genau darin liegt eine Lektion für uns alle: Ehrlichkeit, zu sich selbst und zu anderen, ist keine Schwäche. Sie ist eine Stärke, die uns freier und letztlich auch glücklicher macht.

Doch warum suchen wir das Glück oft in der Ferne, wenn es uns so nahe sein könnte?

Auch Schiller schrieb damals:
Warum in die Ferne schweifen, wenn das Gute liegt so nah?

Vielleicht, weil wir in einer Welt leben, die uns einredet, Glück sei ein Ziel – ein Ort, den wir erst noch erreichen müssen.

Wir hetzen von einem vermeintlichen Meilenstein zum nächsten und bauen uns Traumkulissen, die wir nie wirklich betreten. „Wenn ich mehr Geld hätte …", „Wenn ich befördert würde …", „Wenn ich endlich mehr Likes hätte …" – und doch, wenn diese Dinge eintreten, bleibt das ersehnte Glück oft aus.

Wir übersehen, dass Glück kein ferner Gipfel ist, den wir erklimmen müssen, sondern eher ein leises Echo, das uns in den Tälern des Alltags begegnet.

Das Glück des Augenblicks

Es zeigt sich, wenn wir für einen Moment innehalten – wirklich innehalten. Wenn wir bemerken, wie die ersten Sonnenstrahlen des Morgens das Zimmer erleuchten und uns sanft aus unseren Gedanken holen. Der Duft von Kaffee, der durch die Küche zieht, kann uns für einen Augenblick mit dem Hier und Jetzt verbinden, wie ein Anker, der uns erdet.

Es sind keine spektakulären Ereignisse, keine außergewöhnlichen Errungenschaften. Glück ist oft das, was bleibt, wenn wir uns trauen, still zu werden und die Welt einfach zu *sein* lassen.

Manchmal sehen wir es deutlicher bei jenen, die mit wenig auskommen. Der alte Mann im Park, der jeden Tag zur selben Bank geht, um die Enten zu füttern. Er hat vielleicht nicht viel, aber in seinem Gesicht liegt ein Frieden, den viele Menschen mit prall gefüllten Bankkonten vergeblich suchen.

Warum? Weil er die Kunst beherrscht, sich an kleinen Dingen zu erfreuen. Die Enten, die sich um die Brotkrumen balgen, der Wind, der sanft durch die Bäume streicht, das Lächeln eines Passanten – all das reicht ihm, um den Tag mit Dankbarkeit zu füllen.

Und dann ist da das Glück, das sich in Begegnungen zeigt.
Die ungeplanten Gespräche, die in der Schlange an der Kasse entstehen, wenn ein Fremder einen Witz macht und plötzlich alle um dich herum lachen. Oder der kurze Moment, in dem dir ein Freund sagt: „Ich bin froh, dass es dich gibt." Diese Sätze, so einfach sie auch scheinen, hinterlassen eine Wärme, die kein noch so perfekt arrangierter Post auf Social-Media je erzeugen könnte.

Es ist eine Wärme, die bleibt, weil sie echt ist – weil sie in der Realität wurzelt und nicht in einer polierten Darstellung davon.

Das Glück liebt die Einfachheit. Es versteckt sich in den winzigen Details des Lebens, die wir nur bemerken, wenn wir lernen, achtsam zu sein.

Vielleicht ist es der Moment, in dem du barfuß über eine feuchte Wiese läufst und das Gras zwischen deinen Zehen spürst. Oder das leise Plätschern eines Baches, das dich an längst vergangene Sommer erinnert. Es kann sogar in etwas so Gewöhnlichem wie dem Rascheln einer Zeitung liegen, wenn du sonntags früh am Frühstückstisch sitzt und die Zeit für einen Augenblick stillzustehen scheint.

Doch wie oft verlieren wir uns in unserem eigenen Streben nach mehr? Wie oft übersehen wir das Glück, weil wir meinen, es müsse größer, spektakulärer sein? Die moderne Welt hat uns dazu verführt, zu denken, dass Glück messbar ist – in Zahlen, in Likes, in Statussymbolen. Doch all diese Dinge sind wie Wasser in unseren Händen. Sie rinnen durch die Finger, lassen uns leer zurück und durstiger als zuvor.

Glück verlangt von uns keine Heldentaten, keine großen Opfer. Es bittet uns nur darum, wach zu sein.
Wach für die kleinen Geschenke, die das Leben uns jeden Tag reicht, oft ohne, dass wir darum bitten.
Wach für die Hände, die uns stützen, wenn wir zu fallen drohen.
Wach für das Lächeln eines Kindes, das uns daran erinnert, wie leicht das Leben sein kann, wenn wir es nicht zu schwernehmen.

Vielleicht liegt das Geheimnis des Glücks darin, aufzuhören, es zu suchen. Denn das Glück, so scheint es, mag es nicht, gejagt zu werden.

Es kommt zu uns, wenn wir aufhören, ihm hinterherzurennen, und uns stattdessen bereit machen, es zu empfangen – wie einen unerwarteten Gast, der an die Tür klopft. Und wenn es kommt, sollten wir lernen, es willkommen zu heißen, es zu erkennen, bevor es wieder weiterzieht.

Glück ist ein stiller Begleiter

„Seit jeher kreist das Glück wie ein stiller Begleiter in den Köpfen
der Menschen – immer präsent, immer flüchtig.
Unzählige Geschichten und Bücher wurden darübergeschrieben,
um uns zu erklären, wie wir es finden oder festhalten können.

Besonders faszinierend sind jene Geschichten, die auf humor-
volle Weise zeigen, wie unterschiedlich Glück bewertet wird,
und wie wir oft Weisheit darin suchen. Heute ist das nicht anders,
nur hat sich die Bühne verschoben: Von alten Büchern und Geschichten hin zu TikTok und Instagram, wo wir täglich von un-
zähligen Ratschlägen überflutet werden – alle versprechen sie
uns, den Schlüssel zum Glück zu liefern. Doch vielleicht liegt das
wahre Glück, wie schon immer, in den Geschichten selbst.“
Eine davon fand ich besonders lustig, weil sie zeigt, wie unterschiedlich das Glück bewertet werden kann.“

Es war einmal ein Sultan, der in einem Land voller Überfluss und
Reichtümer herrschte. Sein Palast glitzerte in der Sonne wie ein
goldener Traum, und seine Schätze waren so zahlreich, dass
selbst die besten Zählmeister des Reiches irgendwann kapitulier-
ten. Er hatte einen Harem voller Frauen, die so schön waren, dass
selbst der Mond neidisch auf ihr Strahlen schien.

Seine Untertanen verehrten ihn, seine Generäle gehorchten aufs
Wort, und sein Großwesir stand ihm stets mit klugen Ratschlägen
zur Seite. Doch trotz all dieser Dinge, die ein Mensch sich nur
wünschen konnte, fühlte sich der Sultan leer – wie ein reich
gedeckter Tisch, an dem niemand essen wollte.

„Was fehlt mir nur?" fragte er sich immer wieder, während er in seinen Palastgärten umherwanderte, die erfüllt waren vom Duft der seltensten Blumen. „Warum kann ich dieses Gefühl des Glücks, von dem alle reden, nicht finden?"

Eines Tages hatte er genug von seinen Grübeleien. Er rief alle seine Berater, Philosophen und Geistlichen zusammen und stellte ihnen eine einzige Frage:

„Was würde mich einfach glücklich machen?"

Der Großwesir war der Erste, der sprach. Mit seiner ehrwürdigen Haltung und einem listigen Lächeln sagte er: „Mein Sultan, es gibt in einem fernen Land die wildesten und feurigsten Tänzerinnen, deren Bewegungen wie ein Sturm die Herzen in Flammen setzen. Lasst uns sie holen, und ihr werdet Glück in ihrer Gesellschaft finden."

Doch der Sultan runzelte die Stirn. „Tänzerinnen? Ich habe einen Harem voller Schönheiten. Was können sie mir geben, das ich nicht schon habe?" Der Großwesir schwieg gekränkt und machte Platz für den nächsten Berater.

Der Heerführer trat vor und sprach mit strenger Stimme: „Mein Sultan, das wahre Glück liegt in der Macht. Lasst uns die Länder im Süden erobern. Dort gibt es Reichtümer, die selbst Eure Schatzkammern noch füllen könnten.

Und Ruhm, mein Sultan – Ruhm ist das höchste Glück!"

Doch der Sultan schüttelte den Kopf. „Mehr Reichtümer? Was soll ich mit noch mehr Gold? Das macht mich nicht glücklich."

Ein Philosoph mit einem langen weißen Bart trat vor und hob bedeutungsvoll den Zeigefinger. „Eure Hoheit, das wahre Glück liegt in der Erleuchtung! Gebt alles Materielle auf, zieht euch in die Stille der Wüste zurück und sucht die Antworten in eurem Inneren. Nur so werdet Ihr den Frieden finden."

Doch der Sultan verzog das Gesicht. „In die Wüste? Meinst du, ich gebe mein bequemes Bett auf, um im Sand zu schlafen? Was für ein Unsinn!"

Die Vorschläge wurden immer abenteuerlicher, doch keiner konnte das Herz des Sultans erreichen. Schließlich war es seine Lieblingsfrau, die leise sagte: „Mein Herr, warum fragt Ihr nicht den Hoca? Er scheint immer glücklich zu sein, auch wenn er arm ist. Vielleicht kennt er das Geheimnis des Glücks."

Der Sultan war skeptisch, doch da er keine bessere Idee hatte, ließ er den Hoca holen. Der Hoca, ein einfacher Geistlicher mit einem Hang zu schrägen Geschichten, hatte gehörig Bammel, als er vor den mächtigen Sultan trat. „Hoca," begann der Sultan, „was ist das größte Glück auf Erden?"

Der Hoca schluckte. Er sah sich um – den glitzernden Palast, die fein gekleideten Berater, die Wachen mit ihren glänzenden Rüstungen. Was sollte er dem Sultan sagen, der alles hatte? Schließlich entschied er sich für die Wahrheit. „Mein Sultan," begann er vorsichtig, „für mich ist das größte Glück... mein Morgengang."

„Dein *was*?"
Der Sultan beugte sich vor, seine Augen blitzten vor Ungeduld.

„Nun ja," erklärte der Hoca, „wenn ich morgens auf die Toilette gehe und mich erleichtere, dann bin ich der glücklichste Mensch der Welt. Es ist wie ein neuer Anfang für den Tag!"

Der Sultan sprang auf, sein Gesicht rot vor Wut. „Du Narr!

„Ich frage nach dem Geheimnis des Glücks, und du erzählst mir von deinem Scheißhaus?! Ab in den Kerker mit dir!"

Die Wachen packten den Hoca und schleppten ihn weg. Doch obwohl er in die Dunkelheit des Kerkers geworfen wurde, schien er seinen Humor nicht zu verlieren. Er grinste und murmelte: „Vielleicht versteht der Sultan eines Tages, was ich meine."

Die Tage wurden zu Wochen, die Wochen zu Monaten, und der Sultan blieb weiterhin unglücklich. Doch eines Tages wurde er von einem Schmerz geweckt, der so stark war, dass er glaubte, sein letzter Tag sei gekommen. Es war sein Bauch, der rebellierte. „Ich wurde vergiftet!" rief der Sultan verzweifelt, während er sich vor Schmerzen krümmte. Die besten Ärzte des Reiches eilten herbei, doch keine ihrer Tinkturen oder Heilmittel halfen.
Die Schmerzen wurden schlimmer, und der Sultan begann, an den Hoca zu denken.
„Holt den Hoca aus dem Kerker!" befahl er schließlich.

Der Hoca wurde gebracht, blass, aber immer noch mit einem verschmitzten Lächeln auf den Lippen.

„Mein Sultan, wie kann ich Euch dienen?" fragte er.

„Tu etwas! Ich sterbe!" stöhnte der Sultan.

Der Hoca sah den Sultan einen Moment lang nachdenklich an, dann kratzte er sich am Kinn und sagte schließlich: „Mein Sultan, eure Beschwerden erinnern mich an meine eigenen Erfahrungen mit... sagen wir, kulinarischen Abenteuern. Immer wenn ich abends zu viel Kohl esse, dann plagen mich am nächsten Morgen die schlimmsten Blähungen und Bauchschmerzen.
Doch ich habe ein Mittel dagegen!"

Damit lief er schnell nach Hause und holte ein altes, staubiges Fläschchen hervor. Zurück im Palast erklärte er: „Das ist mein Geheimtrank. Er hilft mir jedes Mal, wenn ich nach zu viel Kohl das Gefühl habe, meine Eingeweide rebellieren. Trinkt ihn, aber seid gewarnt – er schmeckt scheußlich."

Der Sultan trank das Elixier in einem Zug. Es war, wie der Hoca gesagt hatte – widerlich. Doch nach einer Stunde begann sich sein Bauch zu bewegen, und er stürmte mit einer Dringlichkeit, die er nie zuvor gespürt hatte, zur Toilette. Dort saß er eine Viertelstunde lang und fühlte sich, als ob eine schwere Last von ihm abfiele.

Als er schließlich herauskam, lächelte der Sultan wie ein kleines Kind. „Hoca, du hast recht! Das ist ein großes Glück!" rief er aus.

Von diesem Tag an vergaß der Sultan nie wieder, dass die einfachsten Freuden die größten sein können.

Und der Hoca? Der erhielt eine großzügige Belohnung und richtete mit dem Geld eine Suppenküche für die Armen ein.

Wenn man ihn fragte, was ihn am glücklichsten machte, sagte er: „Ein voller Bauch und ein leerer!"

Glück in der Krise

Das Glück – dieses flüchtige, schwer greifbare Etwas, nach dem wir alle streben. So viele Facetten, so viele Gesichter trägt es, und doch scheint es oft wie ein Schmetterling: kaum berührt, schon entwischt. Während manche Geschichten uns oft weismachen wollen, dass das Leben eine Kette glücklicher Momente sein kann, wissen wir doch, dass die Realität weitaus härter ist. Schicksalsschläge, Krankheiten, Krisen – all diese Ereignisse haben die Macht, unser Leben aus der Bahn zu werfen, uns auf harte Proben zu stellen und das Glück mit einem einzigen Schlag aus unseren Händen zu reißen.

Was mich immer wieder erstaunt, ist die Tatsache, dass Menschen, die scheinbar „alles" haben, oft die unzufriedensten sind. Es ist, als säßen sie auf einem goldenen Thron, umgeben von all dem, wovon andere nur träumen können, und doch starren sie in die Ferne, suchen das, was sie nicht besitzen, und vergessen, was sie bereits haben. Sie gleichen jenem Sultan, der in einem Palast voller Reichtümer lebt, und doch stets nach noch mehr greift, anstatt innezuhalten und die Schönheit dessen zu erkennen, was schon da ist.

Dankbarkeit – dieses schlichte, aber machtvolle Gefühl – wird immer mehr zur Ausnahme. Und so streben viele nicht nach wahrem Glück, sondern nach mehr – einer endlosen Jagd, die selten Erfüllung bringt.

Ich denke an Paare, die ihr Leben gemeinsam aufgebaut haben. Die sich durch Verzicht und Entbehrungen gekämpft haben, um ein Zuhause zu schaffen, um Kinder großzuziehen.

Diese Menschen kennen die Bedeutung von Zusammenhalt, von Geduld und Opferbereitschaft. Und doch, eines Tages, schleicht sich ein Gedanke ein: „Habe ich etwas verpasst?" Dieser Gedanke, der wie ein feines Gift ist, beginnt zu wachsen. Er bringt Zweifel, Unzufriedenheit, eine Sehnsucht nach etwas, das nie klar definiert wird. Und plötzlich bricht alles zusammen.

Es ist wichtig, eine bestehende Beziehung nicht vorschnell aufzugeben. Statt die Aufmerksamkeit sofort auf eine neue Partnerschaft zu richten – ohne zu wissen, welche Herausforderungen dort auf einen warten könnten – lohnt es sich oft, sich mit der aktuellen Beziehung auseinanderzusetzen und nach Lösungen zu suchen.

Denn die Probleme, die man in einer Partnerschaft nicht angeht, können leicht in eine neue Beziehung "mitwandern". Viel sinnvoller ist es, die bestehende Beziehung zu reflektieren, die gemeinsame Geschichte zu würdigen und daran zu arbeiten, die Liebe wieder aufleben zu lassen. Wenn man alte Wunden heilt und bewusst an der Verbindung arbeitet, können daraus sogar noch intensivere Glücksmomente entstehen, die man vielleicht nicht mehr für möglich gehalten hätte.

Sonst werden die Beziehungen zerbrechen, Träume zerfallen, Scheidungen folgen.

Manche erleben sogar das Chaos eines „Rosenkriegs", bei dem nichts verschont bleibt – nicht das Zuhause, nicht die finanziellen Grundlagen, nicht die Kinder. Es ist, als ob eine Flutwelle alles mit sich reißt, was mühsam aufgebaut wurde.

Leider sind die Kinder – sie sind oft die stillen Opfer solcher Dramen. Wie oft habe ich erlebt, dass Eltern ihre Konflikte über die Köpfe ihrer Kinder austragen.

Dabei gibt es nichts Schmerzhafteres, als ein Kind zu sehen, das von einem Elternteil entfremdet wird, weil der andere im Zorn blind für die Bedürfnisse des Kindes ist.

Kinder lieben bedingungslos, sie kennen keinen „bösen Papa" oder eine „böse Mama". In ihrem Herzen ist Platz für beide. Und doch werden sie oft instrumentalisiert, zu Spielfiguren in einem Spiel, das sie weder verstehen noch gewinnen können.

Es bricht mir das Herz, wenn Eltern – aus purem Egoismus oder verletztem Stolz – das größte Glück ihrer Kinder zerstören: die Geborgenheit einer Familie, die bedingungslose Liebe von Vater und Mutter.

Warum tun Menschen das? Warum vertreiben sie das Glück, das sie bereits besitzen, in der Illusion, ein noch größeres Glück zu finden? Vielleicht liegt es daran, dass wir in einer Gesellschaft leben, die uns lehrt, immer mehr zu wollen.

Sogar in der Religion wird uns oft gesagt, wir müssten auf Erden verzichten, um im Jenseits belohnt zu werden.

Aber was ist mit dem Glück hier und jetzt? Was ist mit der Erde, die uns bereits ein Paradies sein könnte, wenn wir nur mit offenen Augen und Herzen durch die Welt gehen würden?

Wenn ich durch einen dichten Wald wandere, den Duft der Bäume einatme und das Sonnenlicht durch die Blätter tanzen sehe, dann spüre ich das Paradies.

Wenn ich auf einem Berg stehe, den Blick ins Tal gerichtet, und die Welt unter einer Decke aus Nebel liegt, während über mir die Sonne strahlt, dann bin ich dem Himmel nahe. Solche Momente – ein Glas Wein, ein gutes Essen, das Lachen von Freunden – das ist Glück.

Wie die Toten Hosen es treffend singen:

Ich will nicht ins Paradies
Wenn der Weg dorthin so schwierig ist
Und bevor ich auf den Knien fleh'
Bleib' ich meinetwegen hier

Wir wissen nicht, was uns nach dem Tod erwartet.

Doch was wir wissen, ist, was das Leben uns schenken kann – wenn wir den Mut haben, es bewusst zu erleben.
Wenn wir achtsam und mit offenen Augen durchs Leben gehen, können wir das Paradies schon hier auf der Erde finden.

Leider gibt es auch eine dunkle Seite des Glücks, die nicht ignoriert werden kann.

Wir leben in einer Welt, in der Millionen Menschen täglich ihr Leben riskieren, um ein kleines Stückchen Glück zu finden. Menschen, die mit zerbrechlichen Booten über gefährliche Meere fahren, die Zäune und Mauern überwinden, nur um ein Dach über dem Kopf und die Chance auf ein besseres Leben zu haben.

Es gibt Kinder, die in den ärmsten Slums der Welt geboren werden, ohne Zugang zu Bildung, Gesundheit oder Sicherheit.

Was können sie dafür, dass ihnen das einfache Glück eines sicheren Lebens verwehrt bleibt? Was können die Menschen dafür, die durch Kriege und Vertreibung alles verloren haben?

Das Glück ist relativ. Für manche ist es ein Luxusauto, für andere nur ein paar Wände, die Schutz bieten. Für mich liegt das Glück oft in den kleinen Dingen: in einem Lächeln, einem Moment der Stille, einem Gefühl von Dankbarkeit. Vielleicht sollten wir aufhören, Glück mit Größe oder Luxus zu verwechseln.

Vielleicht sollten wir beginnen, das Glück dort zu suchen, wo es wirklich ist – in uns selbst, in der Schönheit des Augenblicks, in der Verbundenheit mit anderen.

Denn das Leben ist nicht perfekt.

Aber das Glück kann es manchmal sein – in seinen flüchtigen, kostbaren Momenten.

Das Glücksgefühl

Das Glück – ein Wort, das in uns sofort eine Fülle von Bildern und Gefühlen hervorruft. Es ist ein Ideal, dass wir in unseren Gedanken formen, ein Streben, das unsere Handlungen leitet, und gleichzeitig eine Realität, die wir oft übersehen, weil wir nach etwas suchen, das größer scheint als das, was schon da ist.

Aber was ist das Glück?
Ist es ein Zustand?
Ein Gefühl?
Eine Entscheidung?
Oder vielleicht eine flüchtige Illusion, die uns antreibt, ohne sich je ganz greifen zu lassen?
Manchmal denke ich, dass das Glück wie ein flüchtiger Lichtstrahl ist, der durch eine Wolkendecke bricht. Für einen kurzen Moment wird die Welt in helles Licht getaucht, wir spüren die Wärme auf unserer Haut, und dann verschwindet es wieder. Diese Momente des Glücks – so kostbar und vergänglich sie sind – tragen uns durch die Dunkelheit.

Aber wie oft verpassen wir sie, weil wir nicht innehalten?
Weil wir das Glück immer an einen fernen Ort verlagern, es in die Zukunft projizieren, es an Bedingungen knüpfen?
„Ich werde glücklich sein, wenn …" – wie oft sagen wir uns das?
Und was passiert, wenn das „, wenn" eintritt?
Ist das Glück dann tatsächlich da, oder schieben wir es nur wieder ein Stück weiter hinaus?
Vielleicht liegt genau hier das Geheimnis: Das Glück ist kein Ort, den wir erreichen müssen, sondern eine Art, die Reise zu erleben.

Es ist nicht das Ziel am Ende des Weges, sondern die Fußspuren, die wir auf diesem Weg hinterlassen.

Die Philosophen der Antike hatten dafür einen wunderbaren Begriff: *Eudaimonia* – das gute Leben.

Es ist ein Leben, das nicht von einem einzigen großen Glücksmoment abhängt, sondern von der Fülle kleiner, bedeutungsvoller Augenblicke. Ein Leben, das im Einklang mit unseren Werten, unseren Beziehungen und unserer inneren Harmonie steht.

Doch warum fällt es uns so schwer, das Glück im Hier und Jetzt zu finden? Vielleicht, weil uns die Kultur, in der wir leben, dazu verleitet, immer auf das zu schauen, was uns fehlt. Wir leben in einer Welt, die uns suggeriert, dass das Glück in materiellen Dingen liegt, in äußerem Erfolg, in dem, was wir besitzen oder erreichen. Aber Glück, das durch Vergleiche definiert wird, ist zerbrechlich. Es verliert seinen Glanz, sobald wir jemand anderen sehen, der mehr hat. Es ist wie Wasser, das uns durch die Finger rinnt, je mehr wir versuchen, es zu halten.

Wahre Glücksphilosophie – so empfinde ich es – beginnt mit der Kunst des Loslassens. Es geht darum, sich von der Illusion zu befreien, dass wir alles kontrollieren können. Es geht darum, anzunehmen, dass das Leben unvollkommen ist und dass gerade in dieser Unvollkommenheit die Schönheit liegt. Es ist das Loslassen der Vorstellung, dass Glück immer groß, spektakulär oder überwältigend sein muss. Manchmal ist Glück ganz still.
Es ist der Duft von frischem Brötchen am Morgen. Es ist der erste Sonnenstrahl, der durch das Fenster fällt. Es ist die Hand eines geliebten Menschen, die in der unseren ruht.

Die große Frage, die mich immer wieder beschäftigt, ist:
Kann man Glück teilen, oder muss man es allein finden?

Viele Menschen glauben, dass das Glück in Beziehungen liegt, in der Liebe, in der Verbundenheit mit anderen. Ja, es gibt kaum etwas Schöneres, als Momente des Glücks mit anderen zu teilen. Aber gleichzeitig gibt es eine Dimension des Glücks, die nur in uns selbst gefunden werden kann. Ein inneres Glück, das nicht davon abhängt, was um uns herum geschieht. Es ist ein Zustand der Zufriedenheit, der Gelassenheit, der Dankbarkeit.

Die Buddhisten sprechen hier vom „inneren Frieden", einer Harmonie, die entsteht, wenn wir aufhören, gegen das Leben zu kämpfen, und beginnen, mit ihm zu fließen.

Vielleicht ist Glück am Ende nichts anderes als ein Bewusstseinszustand. Eine Fähigkeit, das Schöne zu sehen, auch wenn es von Dunkelheit umgeben ist. Eine Fähigkeit, sich selbst zu genügen, auch wenn die Welt uns das Gegenteil einredet. Es ist kein Zufall, dass so viele spirituelle Traditionen die Achtsamkeit in den Mittelpunkt ihrer Lehren stellen. Denn nur, wenn wir im Moment präsent sind, können wir das Glück wirklich spüren.

Glück lebt nicht in der Vergangenheit und auch nicht in der Zukunft. Es lebt im Jetzt.

Dennoch – das Glück ist nicht nur individuell, es hat auch eine soziale Dimension. Es ist schwer, wirklich glücklich zu sein, wenn wir blind bleiben für das Leid anderer. Vielleicht liegt ein tieferer Sinn des Glücks darin, es zu teilen, es zu vervielfachen, indem wir anderen helfen, ihren Weg zu finden.

Es ist wie eine Flamme, die nicht kleiner wird, wenn man sie weitergibt, sondern heller brennt.

Am Ende frage ich mich oft: Ist Glück überhaupt ein Ziel, das wir verfolgen sollten? Oder ist das Streben nach Glück das, was uns unglücklich macht? Vielleicht sollten wir statt nach Glück nach Sinn suchen. Nach Bedeutung. Nach Momenten, in denen wir uns lebendig fühlen, selbst wenn sie nicht immer angenehm sind. Denn das Leben besteht aus Höhen und Tiefen, aus Licht und Schatten. Aber genau diese Dualität ist es, die das Leben so reich macht. Ohne die Dunkelheit würden wir das Licht nicht erkennen. Ohne den Schmerz würden wir die Freude nicht schätzen.

Vielleicht, so denke ich, ist Glück weniger ein Zustand als eine Perspektive. Es ist die Art, wie wir die Welt sehen, wie wir das Leben erfahren, wie wir mit uns selbst und anderen umgehen. Und vielleicht ist das größte Glück von allen nicht das, was wir erreichen oder besitzen, sondern die Fähigkeit, das Leben in all seiner Komplexität anzunehmen – mit offenen Augen, einem offenen Herzen und der tiefen Dankbarkeit für alles, was ist.

Das Zitat "**Das Glück wird immer größer, wenn wir es teilen**" wird oft als allgemeine Lebensweisheit betrachtet und keinem bestimmten Autor oder Philosophen eindeutig zugeschrieben.

Es spiegelt jedoch eine universelle Wahrheit wider, die in vielen Kulturen und philosophischen Schulen vertreten wird: Glück vervielfältigt sich durch das Teilen mit anderen.

Ein ähnlicher Gedanke wurde von **Albert Schweitzer** geäußert, der sagte:
"Das Glück ist das einzige, das sich verdoppelt, wenn man es teilt."

Auch andere Variationen dieser Idee tauchen in der Literatur, Philosophie und spirituellen Lehren auf. Beispielsweise in der buddhistischen Philosophie wird betont, dass wahres Glück oft aus Mitgefühl und dem Teilen mit anderen entsteht.

Das Glück hat eine bemerkenswerte Eigenschaft:
Es wird tatsächlich größer, wenn wir es teilen.
Es ist wie ein kleines Feuer, das nicht erlischt, wenn wir es an andere weitergeben, sondern im Gegenteil – es breitet sich aus, wird heller, wärmer und strahlt in immer weitere Kreise.
Aber bevor wir das Glück teilen können, müssen wir es erst erkennen. Und dafür braucht es nicht viel –
nur den Mut, innezuhalten und uns selbst zu reflektieren.

Oft ist das Glück schon da, direkt vor uns, verborgen in den kleinen Momenten des Lebens.

Glücks-Reflektion

Doch wir übersehen es, weil wir in Gedanken anderswo sind – in der Zukunft, in unseren Sorgen oder bei unerfüllten Wünschen. Es gibt eine einfache, aber wirkungsvolle Übung, um das Glück bewusst wahrzunehmen: uns selbst Fragen zu stellen.

Fragen wie:

- "Wann hast du zuletzt die Schönheit der Natur wahrgenommen?"

- "Was hat dich heute glücklich gemacht – so klein es auch gewesen sein mag?"

- "Wann warst du das letzte Mal dankbar – und wofür oder für wen?"

- "Wann hast du von Herzen gelacht?"

Wenn wir uns solche Fragen stellen, beginnen wir, die Augen zu öffnen. Wir erkennen plötzlich, wie viele kleine Glücksmomente sich in unserem Alltag verstecken – Augenblicke, die wir sonst vielleicht vergessen oder als selbstverständlich abtun würden.

Zum Beispiel: Stell dir vor, du gehst gedankenverloren über die Straße, das Handy in der Hand, die Gedanken bei der Arbeit oder dem nächsten Termin. Plötzlich hörst du ein Hupen, ein Auto bremst, und du merkst erst im letzten Moment, dass du beinahe übersehen hättest, was direkt vor dir war.

Dieser Schreckmoment – so unangenehm er auch ist – birgt eine unerwartete Erkenntnis:
Das Leben hat dir gerade einen weiteren Tag geschenkt, eine weitere Chance, das Glück zu finden. Es ist ein stilles Geschenk, das wir oft übersehen.

Oder denk an diese Situation: Du bist im Supermarkt, in Gedanken versunken, und während du die Tiefkühltruhe durchsuchst, rutscht dein Handy aus der Jackentasche – unbemerkt von dir.

Ein Fremder rennt dir hinterher, ruft dich, und du bist zunächst irritiert: *Was will der Typ von mir? Warum verfolgt er mich?*
Doch dann hält er dir mit einem Lächeln dein Handy hin, dass du nicht einmal vermisst hast. Der erste Impuls ist vielleicht Ärger, oder ein peinlich berührtes Lächeln, wenn du die Situation realisierst. Doch was bleibt, ist eine kleine Welle der Dankbarkeit. Jemand hat sich bemüht, dir zu helfen.

Das ist ein Moment des Glücks, der in der Eile des Alltags schnell vergessen werden könnte – aber wenn wir ihn bewusst wahrnehmen, erfüllt er unser Herz.

Und dann gibt es diese Momente, die sich tiefer ins Gedächtnis brennen, weil sie uns berühren: Ein Kollege, der sonst eher verschlossen und ruhig ist, steht plötzlich entschieden für dich ein, als du bei der Arbeit kritisiert wirst. Ohne etwas davon zu erwarten, verteidigt er deine Leistung und deinen Wert.

Es ist eine kleine Geste, ein kurzer Moment, aber er zeigt dir, dass du nicht allein bist.

Es sind solche Gesten der Menschlichkeit, die uns erkennen lassen, wie sehr das Glück oft von anderen Menschen kommt – und wie viel Kraft es uns gibt, wenn wir es mit anderen teilen.

Wenn wir diese Erlebnisse nicht einfach vorbeiziehen lassen, sondern sie bewusst festhalten – zum Beispiel, indem wir jeden Abend kurz innehalten und aufschreiben, was uns glücklich gemacht hat –, beginnen wir, das Glück zu sammeln wie funkelnde Sterne am Himmel.

Vielleicht ist es ein Notizbuch, in das wir jeden Tag ein kleines Herz oder einen Stern neben die glücklichen Momente setzen. Vielleicht ist es eine Liste auf unserem Handy oder ein kurzer Moment vor dem Einschlafen, in dem wir uns fragen:
Was hat mich heute erfüllt?

An manchen Tagen mag es schwierig sein, etwas zu finden. Doch selbst dann gibt es oft etwas – einen Sonnenstrahl, der durch die Wolken bricht, einen Moment der Stille nach einem hektischen Tag oder ein Lächeln, das wir jemandem schenken und zurückerhalten. Und an anderen Tagen, wenn wir unsere Liste durchblättern, werden wir überrascht feststellen, dass das Glück sich summiert. Dass es nicht nur in den außergewöhnlichen Momenten liegt, sondern in der Summe der kleinen Freuden, die wir oft übersehen.

Glück ist nichts, was wir planen oder kontrollieren können. Es ist kein Ziel, das wir erreichen, und kein Besitz, den wir bewahren können. "Glück ist wie Wasser: Es ist überall um uns, doch wir müssen die Hände zu einer sanften Schale formen, um es aufzufangen.

Versuchen wir, es zu fest zu greifen, rinnt es durch unsere Finger. Lassen wir es jedoch behutsam ruhen, können wir seinen erfrischenden Tropfen spüren."

Aber wir können lernen, es zu erkennen, es zu schätzen und es zu teilen. Denn je mehr wir das Glück teilen – sei es durch ein Lächeln, eine Geste der Freundlichkeit oder ein offenes Ohr für jemanden, der es gerade braucht –, desto mehr wird es wachsen.

Vielleicht ist das Glück am Ende nichts anderes als eine Art des Sehens. Es liegt nicht in der Perfektion, sondern in der Akzeptanz. Nicht in den großen Momenten, sondern in der Liebe zu den kleinen. Und vor allem: Es liegt in der Verbindung – mit uns selbst, mit anderen und mit der Welt um uns herum.

Wenn du täglich solche Erlebnisse – die kleinen Glücksmomente, die uns oft im Trubel des Alltags entgehen – mit einem Stern oder einem Herz irgendwo in einem Notizblock oder auf deinem Handy festhältst, wirst du nach und nach eine erstaunliche Entdeckung machen: Das Glück war schon immer da. Es war bei dir, oft in den unscheinbarsten Augenblicken. Und an manchen Tagen wirst du staunend feststellen, dass das Glück sogar voll auf deiner Seite stand.

Stell dir vor, du blätterst durch deinen Notizblock oder scrollst durch deine Handynotizen, vielleicht an einem trüben, grauen Tag, an dem dir alles schwerfällt. Dort findest du all die kleinen Sterne und Herzen, die du in den vergangenen Wochen festgehalten hast.

Jede Notiz erzählt eine Geschichte, eine Erinnerung an einen Moment, in dem das Leben dir ein kleines Geschenk gemacht hat. Und plötzlich merkst du: So schlecht war es doch gar nicht.

Es gab immer etwas, das dich zum Lächeln brachte, das dir Wärme und Freude schenkte – selbst an Tagen, die dir zunächst wie Niederlagen erschienen.

Vielleicht war es der Moment, als jemand an der Supermarktkasse freundlich auf dein drohendes Missgeschick hinwies: „Entschuldigen Sie, Sie haben Ihre Tasche liegen gelassen!" Oder der Augenblick, als du im Park spazieren gingst und ein Hund freudig auf dich zulief, als wärst du sein bester Freund.

Es sind diese scheinbar unspektakulären Dinge, die im Rückblick plötzlich eine leuchtende Kraft haben. Sie erzählen dir, dass das Glück nicht fern ist, sondern ganz nah, wenn du bereit bist, es zu sehen.

Das regelmäßige Notieren dieser Erlebnisse ist wie das Sammeln von Sternen. Jeder Stern steht für einen Moment des Lichts in deinem Leben. Und je mehr du sammelst, desto mehr beginnt dein innerer Himmel zu leuchten – auch an Tagen, an denen die äußere Welt grau erscheint. Denn du weißt: Das Glück kommt immer wieder. Es zeigt sich in den unerwarteten Augenblicken, wenn du die Augen und das Herz dafür öffnest.

An manchen Tagen wirst du sogar bemerken, dass das Glück sich nicht nur summiert, sondern multipliziert. Der Moment, in dem du lächelnd an eine freundliche Begegnung zurückdenkst, schenkt dir erneut Freude.

Das Sternchen, das du vor Wochen für einen schönen Sonnenaufgang gesetzt hast, erinnert dich daran, dass es immer wieder solche Augenblicke gibt.

Je mehr du solche Momente sammelst, desto mehr schärfst du deinen Blick für sie. Du wirst bewusster, achtsamer, offener für das, was dich im Leben umgibt.

Vielleicht wirst du mit der Zeit sogar feststellen, dass du andere Menschen inspirierst, Glücksmomente zu erkennen. Dein Lächeln, deine Haltung, deine Dankbarkeit können ansteckend wirken. So wird das Glück, das du in deinem Notizbuch oder auf deinem Handy festhältst, über dich hinausstrahlen – es wird geteilt, vervielfacht und zurückgeschenkt.
Und genau darin liegt seine Magie: Glück wächst, wenn wir es wahrnehmen, festhalten und mit anderen teilen. Es verwandelt die Art und Weise, wie wir die Welt sehen – und plötzlich ist der Himmel voller Sterne.

Ich sitze gerade auf dem Marktplatz in „Slow-City-Waldkirch" und beobachte die Menschen auf dem Wochenmarkt. In einem Café genieße ich einen duftenden Cappuccino und eine Brezel vom „Herrebeck". Da alle Tische fast voll besetzt sind, setze ich mich zu jemandem dazu, und wir kommen ins Gespräch.

So endet mein Einkauf ohne Einkäufe, aber mit einer spontanen und unerwartet schönen Unterhaltung, die länger dauerte als ich es erwartet hatte.

So kam das Glück heute zu mir....

„Morgen könntest du der Glückspilz sein!"

 **Über den Autor**

Yusuf M. Çavak ist nicht nur ein leidenschaftlicher Schriftsteller aus dem Kaiserstuhl, sondern auch seit Jahren als Musiker und Komponist tätig. Er bezeichnet sich selbst als Freigeist und weltoffenen Bürger.

Mit elf Jahren kam er aus der Türkei nach Deutschland. Heute ist er stolzer Vater von sieben Kindern und Großvater mehrerer Enkel. Schon seit seiner Kindheit und Jugend in Frankfurt hegte Yusuf eine tiefe Faszination für Geschichten und das geschriebene Wort sowie für das Verfassen von Musiktexten.

Nach einer Stimmband-OP rückte das Schreiben immer mehr in den Fokus. Jetzt, im Rentenalter, fand er auch die nötige Muse, um seine Buchideen zu verwirklichen. Beruflich war Yusuf hauptsächlich in der IT-Branche tätig, wo er als Vertriebs- und Marketingleiter arbeitete.

Doch das Schreiben und Musizieren waren immer seine wahren Leidenschaften, die ihn ein Leben lang begleiteten. In seiner Freizeit genießt Yusuf das Leben mit seinen sieben Kindern und vielen Enkeln und findet Inspiration in den kleinen Dingen des Alltags.

Dieses Buch soll all jene Menschen ansprechen, die vergessen haben, was Glück bedeutet. Denn unsere Welt wird heute von Leistungsdruck und Algorithmen bestimmt.

Für Yusuf jedoch ist das Leben real – und nicht digital.

Zitate über die Suche nach dem Glück

"Jeder will die Welt verändern, aber keiner sich selbst."
– Leo Tolstoi (Über die innere Suche nach Glück)

"Die meisten Menschen jagen so sehr dem Glück nach, dass sie an ihm vorbeirennen." – Søren Kierkegaard

"Der Schlüssel zum Glück liegt nicht darin, immer mehr zu wollen, sondern die Fähigkeit zu entwickeln, weniger zu brauchen."
– Sokrates

"Viele Menschen versäumen das kleine Glück, während sie auf das große vergebens warten." – Pearl S. Buck

"Glück ist wie die Sonne: Ein wenig Schatten muss sein, wenn es einem gut gehen soll." – Otto Ludwig

"Glück ist, wenn der Tag gut anfängt und noch besser aufhört – und dazwischen kein Drama passiert." – Unbekannt

"Man ist nie glücklicher, als wenn man sich vornimmt, glücklich zu sein." – Johann Wolfgang von Goethe

"Das Leben ist kurz. Brich die Regeln, vergib schnell, küsse langsam, liebe aufrichtig, lache unkontrolliert und bereue nichts, das dich zum Lächeln gebracht hat." – Mark Twain